「神のうちの真《まこと》のいのち」のメッセージにおける
時の終わりの預言

ヴァスーラ・リデン

www.tlig.org
www.tligradio.org

神が人類にご自分を現すのをやめられることはありません。働くのをやめられることもありません。この終わりの日々には、多くの人々が神への信仰を捨てて棄教すると言われています。「神のうちの真《まこと》のいのち」と呼ばれるメッセージで、キリストは私たちの世代に対して、悔い改めて神と和解するように呼びかけておられます。キリストはこの世代に、大きく改心するように求めておられます。私たちの人生を、絶え間ない祈りへと変えるように呼んでおられるのです。主はご自分の教会に、多様性のうちに一致して、復活祭の日付を一つにするように呼んでこられました。悪が私たちの上にさらなる悪を引き寄せることを警告してこられました。自分自身の邪悪さのために、私たちは自己破壊へと向かっており、神の義が私たちの上に放たれるように挑発しているのです。神が望んでおられるのは、ただ私たちを無事に家に連れ戻し、愛の絆による平和へと連れ戻したいということだけなのです。ですから、イエスが安息日に病人を癒やされた時に、イエスに異議を申し立てて尋問したユダヤ人のように振る舞わないようにしましょう。イエスのお答えは、「**わたしの父は今もなお働いておられる。だから、わたしも働くのだ**」（ヨハネ５・17）というものでした。

実際、今日の世界は、罪と堕落に足を踏み入れています。そしてこれらの罪は、惨事や疫病、戦争と自然災害を誘発します。ここ数年来、世は絶え間なく神の義を挑発してきました。神は、不信仰であれとは誰にも命じられたことはありません（シラ15・20）。主はあるメッセージで、「**膨大な数の悪がある、この世代の有様を映し出す目に見える像を生み出した**」と言われました。**子殺しの秘儀、それは常に平和と進歩の名において行われる。殺人、不正、腐敗、暴動と偽証が、**これほど多くの魂たちが、忌まわしい邪悪な行いのために地獄に落ち、永遠に失われてしまうのを、神はこれ以上我慢して見てはおられません。

　このような理由で、神はこの時の終わりに、無限の憐れみによって聖霊を送っておられます。聖霊は、世界に神の存在を思い出させ、神のご意志を伝える使節や預言者を立ち上げる力を持っておられます。いつものように、神は弱い道具を選ばれます。聖書で「（神の）力は弱さの中でこそ十分に発揮される……」（二コリント12・9）と言われているとおりです。神は知恵ある者に恥をかかせるため、世の無学な者を選び、力ある者に恥をかかせるため、世の無力な者を選ばれました。また、神は地位のある者を無力な者とするため、世の無に等しい者、身分の卑しい者や見下げられている者を選ばれたのです（一コリント1・27―28）。主は彼らに、人々に何を言うべきか指示を与えられます。主はいまだに心が揺らいでいる魂たちに言われます。**「私に、そして私の神聖な介入に、あなたの思考を喜んで集中させなさい。そして『われわれは不思議を見る必要などない』というあなたたちには言っておく。口を慎みなさい、私の憐れみによる介入を侵害と見なしてはならない。この暗黒の時代に私が行っている不思議な業《わざ》を通して救われる恵みを、私の民に与えてやりなさい。そこで正しいことを行いなさい、すなわち、あなたの神である私と共に、身を低くして歩むことである」**（２０００年６月６日）。

　そうだとすれば、この暗闇の時代に、私たちを助けるために聖霊の恵みが増したとしても、驚く人がいるでしょうか？　聖書には、反逆と棄教の時代への神の対応について多くの例が見られますが、その一例として、エレミヤ書第4章23―28節があります。ここで神はこう明かされます。

「わたしは見た。見よ、大地は混沌とし、空には光がなかった。わたしは見た。見よ、山は揺れ動き、すべての丘は震えていた。わたしは見た。見よ、人はうせ、空の鳥はことごとく逃げ去っていた。わたしは見た。見よ、実り豊かな地は荒れ野に変わり、町々はことごとく、主の御前に、主の激しい怒りによって

打ち倒されていた。まことに、主はこう言われる。『大地はすべて荒れ果てる。しかし、わたしは滅ぼし尽くしはしない。それゆえ、地は喪に服し、上なる天は嘆く』」。

しかしながら、最も憂慮すべきことは、主の懇願が、聞こうとしない人々の耳にいまだに聞かれずにいるということです。キリストがご自分の教会の羊飼いたちと高位の人々に対して、34年以上にもわたり、「神のうちの真《まこと》のいのち」のメッセージにおいて、分裂した罪深い生き方を捨て、悔い改めて、一致を前進させるために復活祭の日付を一つにすることで[*1]互いに和解するようにと、いまだに懇願し続けておられるのにもかかわらず。言い換えれば、彼らはその不信のうちに、キリストを排斥してしまったのです。キリストの代理人たちは、分裂にとどまることを選択することによって、キリストを追い払ってしまいました。それゆえ、キリストは彼らに背を向けられます。彼らのファリサイ派的なプライドとうぬぼれは、神の霊を窒息させてしまいます。結果として、この羊飼いたちの怠慢は、羊たちが道に迷ってしまう原因となってしまいました。羊飼いたちのイエスの懇願に対する無関心は、キリストが復活してお現れになったという報告を信じなかった弟子たちを彷彿《ほうふつ》させます。それは、イエスが死者の中から復活した後、十一人がテーブルについていた時に直接ご自身を示され、復活されたイエスを見た人々を信じるのを拒んだ彼らの不信と強情さを叱責された時のことでした。

聖書にはこう書かれています。「**初めに言《ことば》があった。言《ことば》は神と共にあった。言《ことば》は神であった**」（ヨハネ1・1）。「**その光は、まことの光で、世に来てすべての人を照らすのである。言《ことば》は世にあった。世は言《ことば》によって成ったが、世は言《ことば》を認めなかった。言《ことば》は、自分の民のところへ来たが、民は受け入れなかった**」（ヨハネ1・9―11）。

この終わりの日々に、私たちの主は、ご自身の被造物全体を新しくする（黙示録21・5）ために、この新しい方法でやって来られました。そして今も来ておられます。主はその無限の憐れみゆえに、世に希望をもたらし、道に迷ってしまった人々を皆連れ戻すことによって、世を照らそうとやって来られます。ところが今日に至っても、ごくわずかな人々しか主の恵み深い現存を認めず、主の呼びかけを受け入れる人はさらにわずかです。神の憐れみをないがしろにするのは冒涜《ぼうとく》です（『神のうちの真《まこと》のいのち』２０００年６月６日）。キリストはまず最初にご自身の領地、ご自身の人々を訪れるのをおざなりにはされませんでした。ところが、主ご自身の羊飼いたちと信徒たちの多くが主を認めませんでした――主が「神のうちの真《まこと》のいのち」のメッセージの著者であられることを（『神のうちの真《まこと》のいのち』２００６年５月31日、２０１１年５月16日）。肉はその心のかたくなさと不信によって主を受け入れず、ふたたび愛を拒んだのです。キリストが死者の中から復活され、神の右に座っておられ、私たちのために執りなしてくださる（ローマ８・34）ことを彼らが忘れてしまったとは、どういうことでしょうか？　世は主を知りませんでしたが、今日でさえ、世は主を拒み続けています。今日の世はファラオと同じく、傲慢とかたくなさ、不信によって、聖なるものすべてを拒否するという態度をとっています。主はキリスト者以外の人々についても、彼らの堕落した素行はソドムとゴモラよりも悪いと言われました（『神のうちの真《まこと》のいのち』１９９０年８月５日）。

そこで、『神のうちの真《まこと》のいのち』の中で書くために、キリストが次々とお与えになった預言について触れさせてください――実現した預言と、これから実現する預言について。まずは新型コロナウイルスから始めましょう。新型コロナウイルスのことを「私たちの時代の疫病」と呼ぶことができます。ご自分の民の間に疫病がはびこるのを神がお許しになったのは、今回が初めてではありません。

今年（この文書は２０２０年に書かれた）の初め、パンデミックの第一波の最中に、私たちの主イエスは、憐れみによって一つのメッセージを与えられました。これはパンデミックに関する最新の重要なメッセージです。２０２０年3月13日、主は次のように言われました。

「**人々を呼び集め、こう伝えなさい。悔い改めなしには、そしてあなたの神である私に立ち戻り、悔い改めなさい。あなたの祈りに誠実さがなければ、この害悪はあなたたちが考えているよりも長く続くだろう。あなたの神である私に届くだろう。断食は悪霊たちを取り除く。私はどんな犠牲でも受け取ることができる。あなたの無気力な霊を取り除き、その邪悪なやり方を放棄しなさい、そしてあなたの神である私と和解するように。『主よ、罪人である私を憐れんでください！』という言葉を聞かせてほしい、そうするなら私は憐れみを示そう。そしてあなたたち皆に祝福を雨のように降り注ぐ。来なさい、恐れないように。私は聞いている……　ic**」

キリストはあなたに耳を傾けておられ、ご自身の祝福をあなたに注がれます。教皇フランシスコが5月3日のレジーナ・チェリの祈りの後に語られた時、偶然にも、２０２０年3月13日のキリストのメッセージと驚くほど同じ内容のことを全世界に呼びかけられました。

「**祈りは普遍的な価値を持ちます**から、人類が新型コロナウイルスのパンデミックを乗り越えることができるように神の助けを嘆願するために、5月14日を**祈りと断食と慈善の行い**の日として、あらゆる宗教の信者たちが霊的に結束するべきだという『人類友愛のための高等委員会』[*2]の提案を私は歓迎します。覚えておいてください。5月14日に、すべての信じる者たち、様々な伝統の信徒たちが共に祈り、断食し、慈善の行いをするのです」。

カトリック教会の教会暦では、5月14日に**伝染病患者の守護聖人**として知られる**聖コロナ**という名前の聖人を祝います。何世紀もの間、激しい嵐や家畜の病などの困難な時に、人々は助けを求めてしばしば聖コロナに向かって祈りました。

新型コロナウイルスは聖コロナにちなんで名付けられたわけではありません。ラテン語の「corona」は「冠」を意味し、この若い聖女がゆるぎない信仰ゆえに「永遠のいのちの冠」を獲得したことを表しています。コロナウイルスについては、それが冠のような構造を持っているためにそう名付けられたのであり、ただの偶然に過ぎません。

教皇フランシスコの呼びかけは、バチカンのメディアによって映像化されました。こちらで視聴することができます。 www.tlig.net/popevideo.php

神秘神学の専門家であるジョゼフ・イアヌッツィ神父（S.T.L., S.Th.D. 神学博士）が、彼の考察を分かち合ってくださいました。

「エジプト人の時代、人々に偽りの神々を捨てさせ、主お一人だけが彼らの神であられることを思い出させるために、神は疫病を送られ、それは数ヶ月間続きました。最近の数ヶ月間、主は私たちが礼拝していたこの偽りの神々を取り除かれました。このウイルスは邪悪なものですが、神がそれを許され、そのためにあらゆる娯楽施設、劇場、スタジアム、市民ホールやビジネスが閉鎖されるのを目撃しているのは不思議なことです……

最終的に、おそらく最も大切なことは、ワクチンでも治療法でもないでしょう。私たちがこのように孤立することを神が許されたのは、もしかすると、世の気晴らしから私たちを引き離し、四旬節の時期に、世界で最も大切なもの、イエスに焦点を合わせることによって、各個人が内的に刷新されるように、神に心を開くためなのかもしれません」。

確かに、イエスこそが、この病気と他のすべての病気の唯一の治療法です。人々の心を冷酷にし、人間性を失わせることによって人類に影響を与えたこの病気については、特にそう言えます。確かに、神の全被造物は愛を通して、人類の結束によって、彼らの居場所を見つけなければなりません。神の御名を呼び求めましょう、そうすれば神は聞いてくださり、あなたを助け、癒やしてくださるでしょう！

いのちにとっての本当の危険は死の脅威ではなく、神なくして生きることを選ぶという誤った選択だということを、主は示そうとしておられます。南米のほぼすべての国の大統領たち、カナダや中東、非キリスト教国の大統領たちが公の場で、それぞれの国民に対して語りかけ、祈り、断食し、神の助けを求めるように求めました。彼らはニネベとヨナを彷彿《ほうふつ》させます。彼らは、神こそが、このパンデミックを止めるように助けてくださる方だと正しく語りました。人間でもなければ、科学でもなく、神お一人だけだと！彼らは国民たちに祈り、断食し、神のゆるしを願うように求めました。米国でも国民に対して同様のメッセージがアナウンスされました。

主は私に、主のメッセージを世界中に知らせるように求められました。私は最善を尽くしましたし、主に選ばれた協力者たちも最善を尽くしました。成果はありましたが、主が望まれたほど多くはありませんでした。なぜなら、神のメッセージはいろいろなところから誹謗と中傷、迫害を受け、その蓄積によって、広まるのを制約されてしまったからです。それで私たちが何を得たというのでしょう？　不信ゆえに、主の御声が本来あるべきようには聞かれないように妨害を作り出すことによって、何を得たのでしょうか？この長い間、主は苦しまれながらも、私たちを主へと導き、いのちへと導くために、耳を貸そうとしない私たちの頑固さと無関心を打ち破ろうとしてこられました。主は私たちの目から、棄教のほこりという外皮で覆われたうろこを取り去ろうとしてこられたのです。不信は私たちに何も良いものはもたらしませんでした。

神は今や、世界を止めてしまわれた

多くの人々が、神の権威も、神が万物を支配しておられることも理解しません。神がこの疫病を許されたのであり、神が世界を黙らせるようになさったのです。神は私たちの物質的な働きの多くにブレーキをかけられました。主は私たちに、私たちの生活において最も重要であるもの、神の現存について真剣に考えることを望まれます。特にこの四旬節の時期においては。この感染爆発が四旬節の時期に起こったのは偶然でしょうか？　神に偶然はありません……　主は私たちに、主の御前に立ち、主こそが人類の救い主であられることを認識するように招いておられます。主は私たちの前にご自身の友情を置かれ、主との終わることのない親密な関係へと、私たちを引き寄せておられます。この親密な関係によって、主はこのパンデミックをただ一言によって叱責され、止めることもおできになります。ちょうど、ガリラヤ湖で弟子たちと船に乗っておられた時に、強風を叱責されたように。

確かに、私たちは神の憐れみのもとにあり、神だけがこの抑圧から私たちを引き上げることがおできになります。ヨーロッパの指導者たちが今日に至ってもなお、主の御名を一度も出すことなく、自分たちでこのパンデミックを弱め、コントロールできると自慢しているのは残念なことです。彼らの多くが、生活の中から神を追放してしまいました。二千年の歴史の中で初めて、彼らは教会を閉鎖させ、教会に人が集まり、ミサに参加し、キリストの御体と御血を受けるのを止めさせてしまいました。ギリシャでは、教会を開けて人々に聖体を授けたら、五千ユーロの罰金を科すと司祭たちは警告されました。政府は、正教会が聖体を授ける時に同じスプーンを使うことによって感染すると言って、聖体の領聖（拝領）をたやすく禁止してしまったのです。これは、受けているものがハリストス（キリスト）ご自身であることを彼らが信じていないことを証明しています……キリストがあなたを病気にすることがあり得るでしょうか？　キリストはあらゆる毒や病への解毒剤です！　彼らが人々に、この疫病を取り除いてくださるよう神に助けを願い、祈るように、あるいは悔い改めるようにと求めることはありませんでした。彼らの多くが神への信仰を失ってしまったというのに、いざ神の真似をするとなると優秀なのはどういうわけでしょう？　彼らが新型コロナウイルスの治療法を見つける日が来るとすれば、それは、神がその無限の憐れみを通してお許しになられたときだけなのです。

永遠の生けにえ、つまり聖体拝領（領聖）の廃止については、私たちはこの預言も成就しているのを目撃しています。新型コロナウイルスのために、多くの教会が法律によって閉鎖を余儀なくされました。しかし全ての教会というわけではありません。この禁止は、イエスの御血と御体を拝領する信徒たちに課せられたものですが、民法を侵害せず、非公開でミサを祝い、聖体を拝領する人々には適用されません。全教会が閉鎖され、イエスの御体と御血が、全世界の全信徒、全聖職者に対して完全に禁止されるに至る（永遠の生けにえの廃止）という、「神のうちの真《まこと》のいのち」の預言の成就の始まりをここに見ることができます。従って、黙示録6章6節にあるように、神の憐れみは、黒い馬に乗っている者が「オリーブ油とワイン」を損なうのを、しばらくの間は許されないことが理解できます――それらは聖体（キリストの御血）、堅信、叙階と病者の塗油の秘跡に必要となる要素です。主はいくつかのメッセージの中で、この禁止が私たちに強制されることを警告してこられました。以下はそのようなメッセージの中の一つですが、それが起こるかなり以前に、詳細を明確に語っています。

1993年12月22日

「ヴァスーラ、書きなさい。そう、何の理由もなしに私の呼びかけを拒んだ者たちは、こう言って告白するだろう。『私たちは罪を犯し、間違いを犯しました。主よ、聖所とその万軍が足下に踏みにじられると

いう、このひどい不正行為はいつまで続くのでしょう？　彼らが完全に放棄してしまった真理は、あといつまで葬られたままでしょう？[*3]　これは私たちの罪と、無関心という犯罪の結果なのでしょうか？』と。そこで教えよう。あなたたちの窓から死が忍び込んだ時、心を痛めた私の叫びと忠告は全く聞かれなかった。あざけられ、無視された。片足を引きずりながら嘆き悲しむ乞食のように、あなたたちのところに来て、私に注意を払ってくれるように懇願した時、あなたたちは激怒して私を追い払った。私は悲しみに暮れる父としてあなたたちの所にやって来て、忠告しに訪れた。あなたたちは立ってはいるが肉は朽ち果てており、あなたたちの眼球は眼窩《がんか》の中に留まってはいるが腐っていると、あなたたちが生きているとは名ばかりで、腐敗していると。[*4]だがあなたは激怒して、私と、私が送っていたすべての聖人たちに戦いを挑んだ。そこで今や、あなたの暴力行為があなた自身の上に降りかかっている。『どうしてですか、主よ』とあなたたちは言うだろう。『なぜ、あなたの聖所を獣の権力下に渡されたのですか？[*5]　私たちはもうあなたのぶどう酒が飲めないのでしょうか？　もうあなたのパン[*6]はいただけないのでしょうか？　もうぶどうを植えてはいけないのですか？　私たちはいまや、不法の者[*7]と獣の支配下にある者たちに従うように強いられるのでしょうか？[*8]』と。

　そのとき、あなたたちに思い出させよう。私は『あなたたち一人ひとりが荒布をまとい、悔い改め、行いを正しなさい、そして乾いたパンと水で断食しなさい！』と言うために、僕《しもべ》である預言者たちを絶えず、頻繁に送り続けたことを。ところがあなたたちは聞こうとしなかった……悔い改めようとも、へりくだろうともしなかった。光を闇に、闇を光に置き換えてしまったからだ。だが言っておく、国々が始まって以来かつてなかったような、さらに大きな苦難の時がまだ控えている。[*9]

私の日が訪れる時、太陽は喪服のように黒くなる。月は燃え上がり、地の基《もとい》そのものが揺れ動く。そして腹から飛び出すはらわたのように、地球はその悪霊たちを吐き出すだろう。これが起きる時、人々は死を待ち望むが、見つけられない！　そして空は巻き物のように閉じ、炎の中で焼失し、あらゆる諸要素がその熱によって溶け尽くす。[*10]　この日はあなたたちが思っているよりも早く来るだろう。私はこれらの預言を、あなた自身が生きている間に実現させる。

その日が訪れると、善人も悪人も同様に滅びる。悪人は邪悪さしか示さず、善人は私の警告を聞かなかったからだ。あなたたちは多くの物事を目にしながら、それを守らなかった。耳は聞こえていたのに、私の声を聞かなかった。今でさえ、あなたたちの誰が聞いているだろうか？

……この全てが実現したあかつきには、いにしえの日々と同じように、永遠の生けにえを再び聖所に打ち立てる。そして直ちに、地上のあらゆる国々とあらゆる住人たち[*11]は私を崇めるようになり、永遠の生けにえのうちの生けにえの小羊として、私を認めるであろう――禁止は解かれ、[*12]永遠の生けにえは再びもとの聖なる場所に戻される。その後、二度と夜を迎えることはない、あなたたち皆の上に私の現存[*13]が輝くのだから。[*14]

そして再び、誰もが私の生けにえを認め、私の血と体を受けに来るだろう。誰もが声と心を一つにして、昼も夜も聖所で仕え、私は一人ひとりの心に、私の言葉を広げよう……悔い改めて罪を認め、私に向かって叫びを上げた者たち[*15]に関しては、彼らも再び私の前に立って仕えるだろう。そして二度と飢え渇くことはない。焼けつく風に苦しむこともない。[*16]　なぜなら、私の現存が彼らを慰めるからだ。彼らが『あなたのぶどう酒はどこでしょう？』あるいは『あなたのパンはどこでしょう？　誰に養っていただけるのでしょう？』と尋ねることは二度とない。今や、あなたの造り主があなたたちの間にいて、皆の間に住む[*17]と約束する。そして地上も二度と、そのような苦難に遭わないと約束する。

私は皆の上に、再び平和と安らぎを降り注ぐ。そして見えている者たちの目はもはや閉じることなく、聞こえている者たちの耳は研ぎ澄まされる。聞きなさい、娘よ、私の民にこう告げなさい。あなたの救い主が、勝利の報いを携えてやって来ると。その名は『誠実』、そして『真実』、主の主、王の王[*18]である」。

1988年という早期に、主はすでに警告しておられました。

1988年3月23日

「（…）被造物よ！　悪魔に警戒しなさい。彼はあなたたちを罠にかけようと、その努力を倍加し、また一方で、怖れられることなくたくらむことができるように、自分は存在しないふりをしているからだ。ああ、被造物よ！　悪魔はあなたたちに対して大虐殺を準備している、ああ、十字架上からどれほど叫んでいることか！　被造物よ、私に立ち帰りなさい！　私を否定することで、悪魔の罠に掛けられてはならない！祈りなさい、魂たちの立ち帰りのために祈りなさい、どの魂も私が与えた祈り[*19]を覚えるように。あなたたち皆を愛している（…）」。

このメッセージで、サタンが私たちに大虐殺を準備していると警告された時、主は過度に心を痛めておられるように見受けられました。新型コロナウイルスは大虐殺となりつつあり、大勢の人々を殺しながら、この惑星じゅうに霧のように広がっています！

1988年5月4日

「……ヴァスーラ、時は差し迫っている、本当に差し迫っている。ああ、来なさい、愛する者たちよ！ 私のもとに来なさい！ 私は道であり、真理であり、いのちである。まだ時間がある今のうちに、私のもとに来なさい。草がまだ青く、花がまだ木々に咲いているうちに。ああ、来なさい！ あなたたちを限りなく愛している！ その邪悪さと悪行にもかかわらず、あなたたちを愛し続けてきた。被造物よ、どうしてそんなに進んでサタンの足下に身を投げ出すのか？ 被造物よ、春風が吹き、改心の時がまだあるうちに、私に立ち帰りなさい。ああ、ヴァスーラ、時間がほとんどない*、来たるべきことが本当に迫っている！」

＊イエスがこう言っておられる時、内的な幻（ビジョン）で、熱く、死に至る毒を持つ強風が私たちと自然に向かって吹きつけ、その通り道には死しか残さないのを見ました。触れたすべてのものは死に絶えてしまったのです。

この幻（ビジョン）の中で、息をして、この「風」を吸い込もうとしている人々が見えました。しかし、和《やわ》らぐ代わりに、内側から火が付いてしまったのです。新型コロナウイルスは肺を攻撃することが分かっています。この致命的な「風」は、汚染された場所で空気を吸うことによって感染する新型コロナウイルスを象徴していました。そして、イエスがある時言われたように、善い人でも悪い人でも、もし私たちが死ぬとすれば、それは私たちの棄教のために死ぬのだということも象徴していました。たとえ病気や事故、飢饉、大災害や戦争によるものだったとしてもです。この「汚染した風」、あるいは疫病と呼んでもいいのですが、それは善い人々にも悪い人々にも影響を及ぼします。善い人々であるにもかかわらず、「神のうちの真《まこと》のいのち」のメッセージに含まれる警告に耳を傾けず、信じなかったために。あるいはその他の理由[*20]のために。そして悪い人々はその棄教のために。皆が同じように苦しみ、同じように滅びます。理解のために、ルカ13章1節から5節もお読みください[*21]。

この幻（ビジョン）の中で、風が通ると、木々は葉をすべて落とし、自らしおれてしまったのを見ました。

1991年9月23日、永遠の御父がおっしゃいました

「何が見えるか、娘よ？」

苦しみで喘いでおられる御子の聖なるお顔が。そのお顔は聖骸布のようです。

「あなたの時間とエネルギーをわずかでも犠牲にする理由が、これだけでも十分あるのではないか？　もう一度見なさい、娘よ……今度は何が見えるか、ヴァスーラ？」

やわらかな赤い雲が空を覆っているようです、私たちの上を**霧のように**漂いながら、次第に空を埋めていきます。ゆっくりですが、確かな足取りで。

「書きなさい。『それは闇と暗黒の日、雲と濃霧の日である。強大で数多い民が、山々に広がる曙《あけぼの》の光のように襲ってくる。このようなことは、かつて起こったことがなく、これから後も、代々再び起こることはない』[*22]。そう、その日は迫っている……

今度は何が見えるか、ヴァスーラ？」

生きた人間の松明《たいまつ》が……

この害悪は言うまでもなく、多くの国々を霧のように覆っていますが、私たちはこの見えない敵との戦いの前兆など与えられていなかったと言うことはできません！　私たちは現在、全世界でこのパンデミックを経験しており、その感染は「飛沫」を通したもので、飛沫とは「霧」のようなものです。

これは天の御父から与えられたもう一つの新型コロナウイルスに関する預言です。

2016年2月13日

「私の平和を与える。私の言葉を書き取ってくれるか？」

はい、主よ……

「この世代が屈むのは難しい。自らの罪によって弱った彼らは、サタンに信頼を寄せ、サタンに希望を置いている。私は誰にも見えるように目の前に立っているにもかかわらず、わずかしか気づいていない。彼らの指導者たちは残酷さを増し、その手によって多くの国々に死が待ち受けている。あなたたちのために

私はどれほど嘆き悲しんだか、被造物よ！　あなたたちのいのちは今、死の中に流れ落ちる。そして火が舌のようにあなたたちの住民をなめ尽くし、大気中で爆発する時、私はこの時代に問おう。どこで安息を見つけるつもりか？　誰のうちに？　サタンにか？　あなたのエゴと自我の中にか？

この信仰なき世代への罰があなたの戸口にまで迫っているゆえ、私の義を実行に移す時が来た。私の命令を文字通り実行する。あなたたちが雷鳴を聞く時、私の声があなたたちの耳にとどろき、地上の果てまで鳴り響くのが聞かれるだろう。そして世とそこに住むものすべてが義の声を聞くと知りなさい。悪は多くの国々に死をもたらす……あらゆる都市に破滅が忍び寄るだろう。

『ヤハウェの天使が都市と国々を取り囲み』、あらゆる人々に悔い改めるように呼びかけるとは聞かなかったか？　これらがこの来たるべき日々に起こる。それゆえ、私の王宮に入り、私の言うことを信じたあなたたちは祈りなさい、そして恐れたり怖がったりしてはならない、しかし私の言葉をいつまでもあざけり続け、その舌で私の預言者たちを打ってきたお前たちは用心しなさい！　お前たちは自分の嘘を正当化するために嘘を使い、実に、私の言葉をお前たち自身の墓に葬った。そうだ、まさに私の言葉を歪めている。しかしその罪が、お前たちと私の間に大きな隔たりを作った。そして今、義が差し控えられることはない。お前たちに言う、私がお前たちの前に立ちはだかる時、来たるべきその日々は悲惨なものとなるであろう……

祈りなさい、まぶたを閉じたまま、眠りに落ちてはならない！

このように祈りなさい。

『ヤハウェ、私の神よ、私の祈りをあなたに届かせてください、慈しみと助けを求める私たちの叫びを聞いてください。
私の神よ、あなたに信仰を持たない人々を、
そして私たちを救うあなたの力に信頼しない人々をおゆるしください。
この時代から光を吹き消さないでください。
一瞬にして地球が萎《な》えてしまいます。
むしろ、あなたの父としての慈しみのうちに
私たちを憐れみ、ゆるしてください。
悪魔に私たちの血を水のように流させないでください。
私たちの罪をゆるし、私たちの弱さをお忘れにならず、
お怒りを鎮《しず》めてください。
災害をもたらす天使たちを引き止めて、
私たちがあなたの憐れみに値する者であることを
証しするチャンスをもう一度与えてください。
あなたに信頼します。アーメン。』

そうするなら、私はどれほど喜んでその祈りを受け入れるだろう。この祈りは私の心を和《やわ》らげる！　娘よ、この祈りを心から祈る人々を祝福する。この預言が聞かれるように。『その日とその時は私、あなたの神に属する』。私の義の時がいつ来るか尋ねる者たちにはこのように答えなさい！　愛があなたを愛し

ている」。

この祈りは今の時のためのものです。私たちの神は、これを2016年2月13日に用意されました。四年も前のことです！　この祈りを祈るなら、神は喜んでくださいます。どうかこの祈りを世界中に広め、誰もが謙虚な心でこれを祈るようにしてください……　これは、私たちがこの窮状を克服することができるように、神がどれほど助けたいと望んでおられるかを示しているのです！

次の二つのメッセージも非常に重要です

二年ほど前の2018年5月23日、フランス語で次のように繰り返す声をはっきりと聞きました。「間もなく、大気の爆発が起こる」。それから約一年後の2019年4月10日、キリストがこのことをもう一度取り上げられたので、メッセージの注釈にこのことを書きました。

キリストは大気の爆発、あるいは比喩的に、私たちを訪れるであろう火のことを話しておられました。この「火」は人がつけるものではないと言われることで、主は比喩的に語られており、それは通常の火ではなく、人々を焼き尽くすであろう別の何かであることを理解させられます。大気中に広まり、口や鼻孔、あるいは目から吸い込むか、汚染された場所に触れることによってすら感染する（内側から火がつく）ウイルスのような、何か他のものです。私が聞いた声が使った言葉「大気の爆発」は、それが爆弾と同じような大惨事を引き起こすことを意味しています。キリストは続けて、メッセージの中で言われました。それは多くの国々に影響が及ぶだけでなく、経済にも影響を及ぼすと。主が「人が築いたものを焼き尽くす」

という表現を使われたとおりのことが、明らかに起こっています。以下は、ちょうど一年ほど前の預言です。

2019年4月10日（抜粋）

「（…）獣はあなたたちの後を付け、あなたたちをその嘘で満たし、明るみに出ると都合が悪いゆえに、夜の静寂のうちにあなたたちを追いかけている。暗がりをうろつく黒い影のように、あなたたちのために落とし穴を仕掛ける。その口は卑猥な言葉であふれ、あなたたちに対して行ったあらゆる悪事で満ちている。世代よ、あなたたちはいまだに、彼の悪意に気づかずにいるのか……その邪悪さに？　私はあといくつ警告を出さなければならないのか？

厳しい試練があなたたちの前途に待ち受けている。人がつけたものではない火[*23]が国々を破滅させ、人が築いたものを焼き尽くす。自然があなたたちに刃向かい、洪水が必ず大勢を押し流すだろう。私の聖なる名が語られる度に、あなたの顔に浮かんでいた冷笑は消え去る。そして暗い隅に隠されていたものすべてが明るみに出される。不信仰な世代よ、暗鬱のベールがあなたたちのために取り置かれている。

私は西の方を向き、それから東の方を向いた。そして私の家が正道を踏み外しているのを見る、なぜなら、多くの者が光を探し求めることを放棄してしまったからだ。多くは自分の好むままに行動し、私の体に障害を与える誤った決定を下す。彼らはいろいろなやり方で、彼らの生活から私を切り離してしまった。私の支配と私の教えは、私の家のがれきの下で粉々に打ち砕かれ、私の業《わざ》はその下に押しやられている」。

キリストはこの一節において、分裂したままに留まるご自身の諸教会と、ファリサイ派的なプライドと聖霊を窒息させる自己満足によって、互いに賛同しないその聖職者たちに語りかけておられます。

「あなたたちの肉は腐敗している、世代よ、そしてあなたの魂は、干上がった土地のように乾いている。私は悔い改めの叫びを聞く必要がある。私の犠牲は無駄だったのか？　私の父が造ったどの被造物も、一本の野生の花よりも長持ちしない。風の一吹きによって滅びてしまう。しかしその魂は永遠に続く……いつまでも。私はあなたのいのちを守護する者。あなたを守り、かくまい、保護する。あなたのために私のいのちを与えた、あなたが生きるように、これ以上の何ができただろうか？　では立ち上がりなさい、今！　そして悔い改めなさい！　あなたの恐ろしい行いを認めなさい[*24]、邪悪な時代よ、その邪悪なやり方を止めなさい、あなたの振る舞いと行いを正しなさい、そうするなら私はあなたに耳を傾け、ゆるそう。私のいのちをあなたに与えたことを忘れてはならない。蛇から逃げるかのように、罪から逃れなさい。

この終わりの日々に、私は風を使者として使い、彼らを砂漠へと送り出している。遊牧民のように、私の体[*25]を強め、飾り、一致させるために。（…）ic」

経済危機

神は、悪から善を引き出すことがおできになると教会は教えています。おそらくそれは、私たちの人生において、神の現存なしには、富はそれだけでは私たちを幸福にするのに十分ではないことを理解させるためなのでしょう。まるで、私たちが大きな断食と世界的な節制に耐えながら四旬節を過ごすことを神が許されたかのようです！　おそらく神は、私たちに今までの生き方をやめるように求めておられるのです。

もしかすると、神は物事の尺度を調整して、正しい場所に置こうとされているのかもしれません。例えば、経済の健全性よりも、私たちの霊的な健康と身体的な健康の方がはるかに重要であるというようなことです。危機の時に互いを思いやることは、神の目にとって、地上の富を積み上げることよりももっと価値があり、尊いものです。自然はすでに癒やされつつあります。空はようやく「息ができる」ようになり、空気はきれいになり、以前ほどの汚染はありません。

経済危機は、人類にとってもう一つの大きなしるしです。全能の神は今、金銭の神を表すマンモンを打ち砕いておられます。世界は神の愛の代わりにマンモンに隷属し、頭を深く垂れて崇拝しており、それが人間の心に利己主義、強欲、戦争と邪悪さをもたらしているのです。私たちを守ろうとする神の愛は、人間の理解を超えています。なぜなら、1989年7月8日のメッセージで神が保証しておられるからです。**「私は主、あなたの逃れ場である。危機のときに私が必要になったら、私の名を叫ぶことを思い出しなさい、急いで助け出そう。私にすがっていなさい、愛する者よ、あなたを守るあなたの神なのだから……」**

重要なことは、私たちが悔い改めて、生活の中に神を取り戻すことです。さらに、私たちは恐れるべきではありません。もし聖母やイエスと親しくしているのなら、恐れるものは何もありません。神が御自身の言葉を撤回されることはありません。神はイザヤ書でこうおっしゃいました。「**恐れることはない、わたしはあなたと共にいる神。たじろぐな、わたしはあなたの神。勢いを与えてあなたを助け、わたしの救いの右の手であなたを支える……**」（イザヤ41・10）。

問題は、このパンデミックの波がこれほど急速に地球全体を覆い、あらゆる国々に広がるとは誰も予想していなかったことです！　イエスが1992年5月6日に言われたように、まるでサタンが、死に至る嘔吐を私たちの上に吐き出したかのようです。サタンは私たちを憎悪しています！　でも主が私たちを助けに来てくださるでしょう。「**サタンは今日、その憎しみのすべてを地上に吐き出している。怒りにまかせて国々を引き裂き、打ち倒す。サタンは破壊し、災難に次ぐ災難をもたらすが、大いなる力によって、壊されたものすべてを私の手で建て直す……**」

イエスは長年にわたって、サタンが私たちを破壊するために大虐殺を準備していることを繰り返し警告してこられました。人が引き寄せたこの目に見えない害悪が、思いがけない時に、盗人《ぬすびと》のように私たちの上に忍び寄るだろうと。それは音を立てない蛇のように滑《すべ》り寄りました。なぜなら、私たちの扉が広く開いており、悪が中に入るのを許していたからです。神はこの害悪が起こってほしくはありませんでしたが、神ご自身の理由があって、最後にはこれをお許しになりました。

しかしながら、もし人々がその生活の中で神を拒み続け、神に反逆し続けるなら、このパンデミックが終息し、もう一つ最後の大きな警告が与えられた後に、火の大嵐が硫黄を伴って天から降ると主は警告されました。私たちはもう一度、天から神の義を引き寄せるでしょう。ニネベのことを覚えていますか？私たちは現代のニネベですが、実はニネベより悪いのです。少なくともニネベの王は、警告を受けると直ちに行動を起こして断食し、全ての民に、家畜たちと共に断食するように命じたからです。そして王も粗布をまとい、悔い改めたので、神は和《やわ》らがれました。

警告の日と火の大嵐

このようなわけで、良い信仰を持つ人々には、聞く耳を持たない人々のために祈るように勧めます。なぜなら、この大きな警告は、火による懲罰の前の最後の警告になるからです。火の罰が来る時、地球は揺れ動き、その地軸からはずれるでしょう。結果として、地球の重力すら、わずかな間変化するかもしれません。世界に生き残ったわずかな人々[*26]（それは神に立ち帰り、神のご意志を行う人々がどれほど多くいるかにかかっています）は、ついに平和の時期が来たことを喜ぶでしょう。今度こそ、私たちは神の言われることを聞くでしょうか？　今度こそ、私たちは「神のうちの真《まこと》のいのち」の預言的メッセージに真剣に耳を傾けるでしょうか？　これはキリストご自身のお言葉です。

1993年2月18日

「書きなさい。私は天から降り立ち、あなたたちに届こうとした、しかし私に耳を傾けてくれたか？　私は玉座から降り立ち、はるばるあなたの部屋の中にまで入ってきた。あなたを誘い、あなたたちは私の王国の跡継ぎであることを思い出させるために。私は自分の住まいから歩み出て荒野を歩き回り、あなたを探し求めた。天の主人はあなたに愛を拒んだことはない、決して！　あなたを引き付けるために、被造物よ、王の美しい姿をその目で眺めるのを許した。

私の名に栄光を帰すために死者をよみがえらせ、私の王国を宣べ伝えた。あなたたちはそれにどう応え

てきたのか？　そして一致を口にする人々よ、空疎な言葉によって一致できると思うのか？　あなたたちの誰が、すべての安楽を捨てて私に従う用意があるか？　教えてほしい、時が訪れる前に、私の一致と平和に対する苦悶とうめきを、誰が最初に終わらせてくれるのか？　全天使を打ち震わせているこの時を前に。

　あなたたちの中で、国々に愛と平和の種をまいてくれる魂は誰か？　私のために光の後に忠実につき従い、日夜私の名を呼び求めているのは誰か？　皆の中で、自分の足を最初に、私の血塗られた足跡の上に置いてくれるのは誰か？　私を真剣に求めているか？　見よ、雷鳴と火のうちに私が訪れる日が来る。しかし悲しいことに、あなたたちの多くは自覚のないまま、深い眠りに陥っているであろう！

　耳を貸そうとしない状態を打ち破ろうと、被造物よ、私は使者を次々と送っている。しかしもうあなたたちの抵抗と無関心には疲れ果てた。その冷淡さには疲れ果ててしまった。一致するために集うとなると、横柄で硬直するあなたたちには疲れ果てている――あなたたちは茫然自失の杯を満たし、今やあふれさせた。自分の声に酔いしれ、私の声に反発しているが、そう長くは続くまい――じきに打ち倒されるだろう。愚かな誤りへと導く自分たちの声によって、私の声に反発したゆえに。当然ながら、私の教会はあなたたちの分裂で廃墟と化している。信仰に欠けているため、私の助言には従わない。それに私の願いを実行に移してもいない。だが私はあなたの心を、あなた自身に、そして世の前に暴くであろう。あなたがどのようにして、私の掟をひそかに打ち砕こうとたくらんでいたかを必ず暴く。[*27]

　第六の封印が解かれようとしている。[*28]　その時、皆が闇に投げ込まれ、明かりは見当たらない。なぜなら、煙が巨大な炉から吹き上げてくるように、深淵から吹き上げ、太陽も空も暗くなるだろうから。[*29]　そして義の杯によって、あなたたちを蛇や毒蛇に似たものとする、この暗闇の日々に、あなたたちを腹ばいにさせ、塵[30]を噛ませよう。あなたたちが毒蛇にも勝っていないことを思い出させるために、地面に押し伏させる……自分たちの罪で息はできなくなり、窒息するであろう。

私は怒りにまかせてあなたたちを踏みにじり、憤りの中、踏みつける！　見たか？　私の四天使たちは、命令を待ちかまえて、今や玉座のまわりに緊張して立つ。雷鳴がとどろき、稲妻が走るのを見たら、私の義の時が訪れたことを知りなさい。地球は揺すられ、流れ星のように軌道をはずれ[31]、山々と島々はその場所から根こそぎにされ、すべての国の民が滅び去る、そして閉じていく巻き物のように空[32]は消えて行くだろう、あなたが幻で見た通り[33]に、娘よ。大きな苦難がすべての住民を襲う、そして信じない者は災い！　聞きなさい。もし人々が今日、『ああ、しかし生ける御方はわれわれに憐れみをかけてくださる。あなたの預言は神によるのではなく、あなた自身の霊による』と言うとしよう。彼らにはこう言い渡しなさい。あなたたちが生きているとは名ばかりで、実は死んでいる。その懐疑によって裁かれている。私の憐れみの時に信じるのを拒み、私の被造物に警告を発し、救おうと、代弁者たちを通して語る私の声が広まるのを禁じたからだ。それゆえ、あなたたちも悪人たちとともに死ぬ。

暗闇の時が訪れたら、私はあなたたち自身の内側を示そう。その魂を裏返しにする。そして魂を裏返しにされたあなたたちは、自分の魂が炭のように黒いのを見て、かつてないほどの悲嘆を経験するだけでなく、あなたたち自身の暗闇は周囲の闇よりもはるかに深いと、胸を打ちながら言うであろう。（…）」

この1993年2月18日のメッセージは、二重の預言を含んでいます。一つ目はすでに起きており、

2004年12月26日のスマトラ沖地震のことです。もう一つは警告の日の預言で、未来に起こるものです。イアヌッツィ神父が次のように説明しておられます。「黙示録における神の御言葉と同じように、これはある単独の出来事だけに限定されるものではありません。ですから、私たちの棄教ゆえにもたらされるであろう、肺を攻撃する罰に関する神の預言は、未来においてもまた繰り返されることが起こり得ます。何人かの聖書学者たちは、聖書における類型とキリスト教預言との関係を認めています。聖書における類型とは、ある聖書的な出来事や預言は、それが最初に発現した後、同じパターンの出来事が将来も続くことがあり得るということを示唆します」。

前に述べたとおり、このメッセージは警告の日のことも表しますが、その時、地上の誰もが、自分自身の魂の状態を完全に露わにされ、彼らの魂が神の御目にどう見えるのかを見るために、彼らの良心が照らされます。1993年2月18日、神は明らかにされました。「**私はあなたたちの魂を裏返しにする。あなたたちは自分の魂が炭のように黒いのを見て、かつてないほどの悲嘆を経験するだけでなく、あなたたち自身の暗闇は周囲の闇よりもはるかに深いと、胸を打ちながら言うであろう。**(…)」このメッセージで神は、神がその純粋な光のうちに私たちと対面されるとき、神の光が私たちの魂の中のあらゆる汚点を露わにすることを暗示しておられます。私たちは、自分たちの魂が罪によってどれほど汚れているかを見て、恐ろしくなるに違いありません。あなたは象徴的に「裸である」ように感じるでしょう。神がアダムとエバの罪を露わにした時、彼らが「裸である」と感じたように。

神は私たちに、自分の罪深さと惨めさを完全に悟らせせられます。これは以前には決してなかったような自己への気づきです。それは、非物質的な火が私たちの意識の中で燃えるようなものです。これは主の日と呼ばれています。中には、既にこのような方法で主の訪れを受け、この非物質的な火の中を通り、それによって完全な悔い改めへと導かれた人々もいます。この業《わざ》は憐れみの業《わざ》であり、神から来るもので、私たちの魂を神の光のもとにさらします。こうして完全に悔い改めたときに、私たちの魂を救うことができるように。心の中に罪を抱えていればいるほど、この火はひどくつらいものになるでしょう。

神が「(…) **そして義の杯によって、あなたたちを蛇や毒蛇に似たものとする。この暗闇の日々に、あなたたちを腹ばいにさせ、塵を噛ませよう……**」と言われる時、それは大地震の後のわずかな間、神が地球の重力を変化させられることを明らかにされていると思われます。

悪がどのように悪を引き寄せるか、それを避けるために私たちに何ができるかについて説明する、聖母がお与えになったメッセージをここに付け加えましょう。

1990年5月15日

「子どもたちよ、あなたたちに平和。私、聖母は、あなたたちが主にお会いするための準備をしています。あなたたちの霊的な成長のために教育しています。あなたたちを助け、力づけようと、恵みで覆っています。あなたたちの生きるこの時代は特別な日々であると悟ってください。主の到来に先立つ日々であり、主が来られる道を開くための日々です。この時代はあなたたちの王が降って来られる準備の時代です。すべての人たちの準備が整っているように祈りなさい、聞くのも見るのも拒む魂のために、熱心に祈ってください。私の小さな子どもたち、天におられる御父に向かって、このように祈ってください。

限りなく慈悲深い御父よ、
あなたの御声《みこえ》を何度聞いても
決して理解しない人々が、
今度こそあなたの御声《みこえ》を聞き、
至聖なるお方、あなたであると理解しますように。
あなたを何度見ても
決して気づかない人々の目を開いてください。
今度こそ彼らの目で
あなたの聖なる御顔《みかお》とあなたの栄光を見ることができますように。
彼らの心にあなたの御指《おんゆび》を当ててください。
彼らの心が開かれて、あなたの誠実さを理解しますように。
このすべてを祈り求めます、
まことに正義なる御父よ、
あなたの愛する御子イエス・キリストの御傷《おんきず》を通して、
すべての国々が回心し、癒やされますように。
アーメン。

聞くのも見るのも拒んでいる強情な魂たちをおゆるしくださるように、御父に願いなさい。御父は限りなくいつくしみ深く、ご自分のすべての子どもたちに目を注いでくださるでしょう。そうです、小さな者たちよ、兄弟の救いのために祈る時、あなたたちは神の御前《みまえ》に香の香りとなっているのです。一生懸命祈れば祈るほど、それだけその祈りは強力なものとなります。

あなたたちを招き、恵みによって主の呼びかけを聞かせてくださった主に感謝しなさい、そして聞くのを拒む者たちのために祈りなさい。

時が迫っているにもかかわらず、多くの者たちはいまだに気づかず、深い眠りに浸っています。日々は過ぎ去り、私の心は今日の若者たちを天上から見ていて、深い悲しみに沈んでいます。愛が欠けています。……けれども、彼らは愛と出会ったこともないのです。母親に与えるものがなかったため、彼らの多くは、そのぬくもりや愛情さえ受けたことがありません。世は冷淡になってしまいました、氷のように、そして両親は互いに歯向かい、子どもは愛情不足から両親に歯向かいます。子どもが愛を乞うても、母親はそれを拒んでしまいます。世は愛に対して死んでいます、憎しみ、貪欲と自己本位が地球全体をその中核まで支配しているため、深い暗闇の中にあるのです。

この暗い世の中の罪、そして聖櫃《せいひつ》そのものの中に浸透していった棄教、こうした恐ろしい光景に私は身震いしています。災害、飢饉、不幸、戦争や疫病、このすべてはあなたたちが引き寄せたものです。地上から来るすべては地上に戻ります。地上は自らを破壊しているのです。そして多くの人はそう信じがちですが、この全ての災いのもとは神ではありません。神は義なる方で、慈しみに満ちておられます、けれども悪が悪を引き寄せるのです。

一生懸命祈りなさい、あなたの時代の回心と救いのために、心から祈りなさい。私の子どもたちよ、あ

なたたちの祈りが必要です。祈ってください、それを神に捧げましょう。どこへ行こうと、必ず一緒にいます。私の子であるあなたたちから決して離れません。皆に祝福を与えます。」

神は憐れみによって、私たちに悔い改める時間をお与えになります。こう言われました。**「今日でさえも、もしあなたたちが謙遜になり、自分は罪人であり、ふさわしくないと認めるなら、私はあなたの国に留まっている無気力の霊を取り除こう！」**――1992年2月18日

しかしながら、人々がまだ聞こうとせず、謙遜になって悔い改めなければ、イエスが2013年5月18日のメッセージで言われたことが起こります。**「御父は『そこまでだ！』と叫ばれるであろう」**。

「(…)膨大な数の悪がある、子殺しの秘儀、それは常に平和と進歩の名において行われる。殺人、不正、堕落、暴動と偽証が、この世代の有様を映し出す目に見える像を生み出した。

私の父の怒りはもはや持ちこたえることができない。地上に差し迫る死が近づいている、この世代は自分が蒔《ま》いたものを刈り取ることになる。人間の目がかつて見たことのないほどの凄まじい火が燃え広がるであろう。地上の諸要素は溶け失せる。自然、人間、動物や多くを焼き尽くしながら！

私の娘よ、この火は避けられない。私の心は悲しみに泣いている、しかし今となっては、これ以外に方法は残されていない！　私は絶え間なく苦しんでおり、私の体に閉じ込められた茨に刺し貫かれている。私の父が『そこまでだ！』と叫んだとき、この世代が消滅する様を見て、私の天使たちは手で顔を覆い、泣いている。それゆえ、『ああ、しかし主の憐れみは大きい、主は我々をゆるしてくださるだろう』と言ってはならない。憐れみと怒りとはどちらも父から来るということを、あなたたちは忘れてしまったのか？

私はすべての教会に、第一に和解を、そして真の回心《メタノイア》を必要としている。私の名によって集まることは私に栄光を与える。

私の家を、ヴァスーラ、一つにしなさい！　私があなたの側にいるのだから、恐れる必要はない！　私の家を飾り、生き返らせ、一致させなさい！　私があなたのために敷いた道をたどり、一致の道を貫き通すように、あなたに命じたことを貫き通しなさい。

ここに集う私の羊飼いたちに告げなさい、彼らの喜びは私のうちに見いだされるのであって、他のどこでもないと。右も左も見ずに、視線を私に向けなさい。私の司祭であるあなたたち、この業《わざ》における私の協力者であるあなたたち、血塗られた私の足跡をたどり続けなさい。一人の良き友人のように腕を組んで、あなたたちを私の家に連れ帰ろう。私たちはサファイヤの道を一緒に歩くだろう、私の栄光のうちに、私の王宮の中で勝ち誇りながら。あなたたちに今告げる、私自身の者たち、私の友人たち、私の声と高貴なテーマによって心を鼓舞された者たち、そして私の愛と一致、和解の詩《うた》に加わった者たちよ。あなたたちに言う、私の父があなたたちを祝福した。威厳と壮麗さの中で、あなたたちは私と共に天空を飛翔する、私の玉座に至るまで。そして私の王笏《おうしゃく》をもって、私の都市の内部にあるあなたたちの住居へと導こう、それは私の王国の中にある。あなたたちを呼んだ、そして見守ってきた。決して目を離すことはない……

私の弟子ヨハネは、燃える灯火であり、輝いていた。私のヨハネとなりなさい、この暗闇の世界の中で燃え上がり、輝くのだ。そして人間の許可を待っていてはならない。それはあなたにとって何の意味もない、私にとっても意味がないように。そういったことを心配しないように、愛する魂たち、一つとなり、私が勧めたように一致を生きなさい。ic」

わずか数年前、主は突然、「**今やそこ（火による罰）からは何も省かれない**」と言われましたが、主はこの罰の力を弱めることがおできになります。それは、この世代から悔い改めの叫びを聞き、祈り、改心と償いの業《わざ》を受け取られた場合に限ります。もしそれを聞かれたなら、主は和《やわ》らぎ、私たちに思いやりを示して、この懲らしめを弱めてくださるでしょう。

突き詰めれば、私たちは自分自身の魂だけではなく、全人類の魂に責任があるのです。私は人々に尋ねます、神はなぜ、私たちの幸福について心配し、前もって警告するために私たちのところにわざわざ来られるのでしょうかと。それは神が私たちに持っておられる大きな愛のためです！　神は私たちの真の土台を思い出させ、私たちに、とくに諸教会に、互いに和解するように求めておられます。未来が私たちの前に待ち受けています。主の預言によれば、教会の一致も起こるでしょう、しかし、どのような条件で起こるのでしょうか？

イエスは尋ねられました。「**世代よ、一致は起こる、だがどちらの方法でだろうか、平和の条件によってか、それとも火によってか？**」ですから、それは諸教会の選択にかかっているのです。

1993年2月19日、主は私たちに言われました。

「**分かったであろう、娘よ、私は間もなく、私の義も現す。私の計画には決められた時がある。私の憐れみの呼びかけにも、決められた時がある。ひとたびこの憐れみの時が過ぎたなら、善人にも悪人にも、すべての人々に、私の厳しさは憐れみと同じほどに大きく、私の怒りはゆるしと同様に力あるものだという**

ことを示そう。私の予告したすべては、もはや速やかに起ころう――そこからは何も省かれない……」

2002年2月7日　新型コロナウイルスに関する世界への警告

「私のとりでよ、私の再臨を告げるためにあなたを呼んだ。私は、悔い改めへの再三の呼びかけに冷淡で無関心のまま、いまなお自分たちの世界に浸る私の子どもたち皆に、私の無限の憐れみを現そうとあなたを呼んだ。悔い改めるようにという私の絶え間ない呼びかけは聞かれていない。世界は今や罪の泥沼の中に、そして死の影に向かって、いっそう深くはまり込んでいる。私の種は水やりが不足して死んでいる。私の羊飼いの多くは私の期待に背き、自分たちと共に何十万もの魂を滅びの淵に引きずり下ろす。『われわれは警告を受けていなかった。天のしるしなど何も見ていない』と言える人がいるだろうか？　そして彼らは自分のためだけに生き続ける……

この世代は私の言葉に耳を閉ざし、私の愛の掟に反するあらゆるものを差し出すサタンに仕えて生きる方を選んだ。それを自由や解放と呼ぶが、実は悪霊のとりことなっている。今や一人ひとりが戦争のために身構えている。暗闇が世界をすっかり覆ってしまった。悪意に満ち、あらゆる悪霊の住まうその心は、ただ暗黒の君主にのみ動機づけられている。

私はこの憐れみの時に、自分たちの悪意と不信仰を捨て去り、私の憐れみ深さを思いめぐらす時間と機会を皆に与えてきた。信仰を生き返らせるよう、王的な命令によって、あなたたちのために天に驚くべき不思議を絶えず繰り広げてきた。だがあなたたちの多くは、特に合衆国では、私の方に導いて、永遠のいのちへと連なる徳の道に入るように励ますと、私に背を向け、私の言葉を運ぶ使者たちにも背を向けて、軽蔑のうちに私を拒んでしまった。高きも低きも同じように歯を食いしばっては、この業《わざ》を損なおうとして。

私の王国の支配は戸口にまで迫っている、しかし私を受け入れる用意はできているか？　私は惜しげもなく、王的な豊かさをもって、あなたたちの霊を生き返らせようと、霊的食物の祝宴を繰り広げた。そこを訪ねた時は、死から救うために、私自身の手で養おうとあなたたちを待ったが、あなたたちは前に出て来るのを断った。こうしてまことの変容[*34]を遂げるのを嫌がり、むしろ私の警告に対して敵意を示したことを思うと、以前に起きた嘆きの場面[*35]は、あなたたちの目前に横たわる悲しみの朝[*36]、あなたたち自身の手で招くであろう悲しみの朝とは、比較にもならないであろう。」

私たちもニュースで聞いているとおり、ニューヨークはひどい打撃を受け、多くの人々がウイルスのパンデミックによって苦しみ、ツインタワーの犠牲者よりも多くの人々が亡くなっています。

「あなたの国家は、その奇怪な法制度ゆえ、私のすべての愛の掟にまったく反した統治を行っている。その法律は、地球を危機に陥れるだけでなく、全宇宙の安定さえ脅かすほどに凶悪な犯罪を犯す。

私は何度も、私の杓《しゃく》を存在しない者たち[*37]に許し、与えてきた。今日は深い悲しみをもって上から見ているが、あなたたちの企てはあなたたち自身の上に降りかかってくるだろう。世界は自分自身で選んだ道ゆえに、自然界を激しく歯向かわせ、自然災害を引き寄せ、自分の企てによって自分自身を窒息させるという結果をすでに味わっている。私はもう長年あなたたちに懇願してきたが、ほんのわずかな者だけが注目してくれたに過ぎない。あなたたちにとって鞭のようなこの清めは、時代よ、多くの人々を私のもとに引き寄せ、私の警告をあざけっていた者たちも、悲嘆にくれて私のもとに戻ってくるだろう。その後、このすべてが起きたあとで、存在していない者一人ひとりが存在するようになったあかつきには、地上に火を放ち、鞭から解放しよう。神が語るとき、その声は地球をも揺り動かす。私の支配は間もなく到来する、なぜなら、神である私の訪れが間近に迫っているのだから。そしてこの地球上のあらゆる住民に公然と証しするように招かれた人々は、もはや抑圧されずに証しをする。*38 人々は渇いた地面のように、私の言葉の露を待ち焦がれるようになる。そしてこの人々は、以前には出会ったことがなく、魂の目で見たこともなかった至高なる三位一体の神の業《わざ》を証ししていくであろう。

この清めがソドムとゴモラの時ほど、あなたたちの上に厳しく訪れないように、天に懇願しなさい。私の教会は刷新されるであろう。（…）ic」

神が言われたこの言葉は本当に真実です。「こうしてまことの変容を遂げるのを嫌がり、むしろ私の警告に対して敵意を示したことを思うと、以前に起きた嘆きの場面は、あなたたちの目前に横たわる悲しみの朝、あなたたち自身の手で招くであろう悲しみの朝とは、比較にもならないであろう」。このメッセージはニューヨーク市民だけにではなく、世界に向けられています。言い換えれば、世界はツインタワーの崩壊の時よりももっと苦しむだろうということです。ツインタワーでの死者数は、聖書級の出来事であるこのパンデミックに比べれば、まだ少数といえます。

主が私たちを助けたいと切望しておられるのは明らかですが、そこには条件があります。主は世に、その邪悪なやり方を退け、神と和解するように求めておられるのです。私たちが直ちにそれを行うなら、神もすぐに和《やわ》らがれ、この疫病を止められるでしょう。私たちが待てば待つほど、この悪は私たちの間で長く続きます。主は私たちを助けることがおできになるのですから、主に信頼する必要があります。神が聖書で次のように言われたとおりです。「**わたしは主、あなたの神。あなたの右の手を固く取って言う。恐れるな、わたしはあなたを助ける、と**」（イザヤ41・13）。

スマトラ沖地震に関する預言

次は、この時代に実現したその他の預言と、未来に起きることに関する別の預言です。1987年9月10日、主はその日からほぼ18年後の2004年12月26日にスマトラ島で起こった最初の地震と津波の幻（ビジョン）を下さいました。これはこの津波に関する最初の警告です。メッセージを書き留めていたノートに次のように書きました。

「イエスは突然、夕べ見て忘れていた夢を思い出させられました。それは、最近見たある霊的直感と同じものでしたが、夢の中ではもっとひどい様子でした」。すると主が言われました。「**聞きなさい、寝ている間にその幻（ビジョン）を見せた。あなたがそれを感じるために、そう、逃げ道はない！**」

私は書きました。「まさに巨大な波のようにそれがやって来るのを見た時、私は走って隠れようとしていました。それができないことをわかっていながら」。そして主にお尋ねしました。「けれど、あなたが私たちを愛しておられるのでしたら、どうしてこのようなことが？　どうして？」神はお答えになりました。「**私は愛の神として知られているが、同時に、義の神としても知られている**」。私は尋ねました。「これを止めるにはどうしたらよいのでしょう？」神はお答えになりました。**「途方もない償いが今やあなたたち皆に求められている。一致して一つとなり、互いに愛し合いなさい、私の神聖な業《わざ》を信じなさい、私はいつもあなたたちの間にいるのだから」**（１９８７年9月10日）。

私が見た波は津波だったのですが、当時は「津波」という言葉を知らなかったので、「巨大な波」と説明したのです。スマトラ島の津波は私たち皆に衝撃を与え、動揺させました。主が代弁者としてお選びになった人々によって警告が与えられると、多くの羊飼いたちがこう言いました。「こんな警告はわれわれには必要ない。われわれは教父たちの聖なる本から慰めを得ており、聖書も所有している。われわれには犠牲も祈りも欠けることはない。ならば、キリストがすでに与えられたものに加えて、われわれに何を言われるというのか？」こうして彼らは耳を閉じてしまいました。

１９９１年12月24日、キリストのご降誕の前夜、多くの人々がいまだにキリストを抜きにし、クリスマスが表すものを抜きにしてクリスマスを祝っていることに、主はとても感情を害しておられました。それゆえ、１９８７年9月10日に与えられた津波についてのメッセージから四年後、来たるべきことについての二つ目の警告を与えられました。

「私は今日、全人類に平和を与えにやって来たが、ごくわずかしか耳を貸さない。今日は平和の条件と愛のメッセージを携えてやって来た、しかし差し出している平和を地球は冒涜《ぼうとく》し、与えようとしている愛は私の誕生のこの夜にあざけられ、冷やかされている。近頃では、人類は私の聖なる名を抜きにして祝っている。私の聖なる名は廃止され、私の誕生の日は娯楽のための大休日となり、偶像が崇拝されている。サタンは私の子どもたちの心に入ると、弱く眠っているのを見つけた。私は世に警告してきた」（１９９１

年12月24日)。

キリスト者の家族の多くが、クリスマスをただの公の休日としてしか祝いません。キリストの聖なる御名を抜きにして、クリスマスが表すものの本当の理由を思い出すこともせずに。礼拝のために主の教会に立ち寄ることもしません。要するに、私たちの救い主のあがないを信じていないか、あるいは気にも掛けていないのです。多くの人々が棄教してしまい、代わりにクリスマスツリーを祝って礼拝し、贈り物を交換しては、うんざりするまで食べ、愚かなまでに遊び楽しみます。クリスマスツリーやプレゼント交換の方が、キリストのご降誕よりも重要なのです。

このメッセージの後、津波の時が近づくにつれ、さらなる警告が与えられました。キリストは私たちに、間もなく神の義が示されることを警告しようとしておられました。1991年12月24日の警告から一年ちょっとが過ぎた1993年2月18日、キリストは私をお呼びになりました。これが主が言われたことです。

「見よ、雷鳴と火のうちに私が訪れる日が来る、しかし悲しいことに、あなたたちの多くは自覚のないまま、深い眠りに陥っているであろう! 耳を貸そうとしない状況を打ち破ろうと、被造物よ、私は使者を次々と送っている。しかしもうあなたたちの抵抗と無関心には疲れ果てた。その冷淡さには疲れ果ててしまった。一致するために集うとなると、横柄で硬直するあなたたちには疲れ果てている――あなたたちは茫然自失の杯を満たし、今やあふれさせた。自分の声に酔いしれ、私の声に反発しているが、そう長くは続くまい――じきに打ち倒されるだろう。愚かな誤りへと導く自分たちの声によって、私の声に反発したゆえに。当然ながら、私の教会はあなたたちの分裂で廃墟と化している。(…)地球は揺すられ、流れ星のように軌道をはずれ、山々と島々はその場所から根こそぎにされ、すべての国の民が滅び去る。そして閉じていく巻き物のように空は消えて行くだろう、あなたが幻で見た通りに、娘よ。大きな苦難がすべての住民を襲う、そして信じない者は災い！　聞きなさい、もし人々が今日、『ああ、しかし生ける御方はわれわれに憐れみをかけてくださる、あなたの預言は神によるのではなく、あなた自身の霊による』と言うとしよう。彼らにはこう言い渡しなさい。あなたたちが生きているとは名ばかりで、死んでいる。その懐疑によって裁かれている。なぜなら、私の憐れみの時に信じるのを拒み、私の被造物に警告を発し、救おうと、代弁者たちを通して語る私の声が広まるのを禁じたからだ……」

11年後、御降誕の日の翌日にあたる2004年12月26日、観光シーズン真っ盛りであったスマトラ島を津波が襲いました。津波は他の島々にも及び、はるかアフリカにまで到達しました。キリストの御言葉は正確に実現し始めました。「地球は揺すられ、流れ星のように軌道をはずれ、山々と島々はその場所から根こそぎにされ、すべての国の民が滅び去る」。山々が根こそぎにされ、すべての国の民が滅ぼされるという出来事が起こりましたが、それは小さなスケールでのことでした。第一に、津波は海底で起きた地震から発生しました。この地震が津波を誘発し、津波は島々を襲い（山々と島々を根こそぎにする）、島々は（津波に飲み込まれて）一度消えましたが、元の場所から離れた場所に、元とは違う状態でまた現れました。第二に、「すべての国の民」という言葉は、当時、さまざまな国籍（国の民）を持つ多くの旅行者たちが滞在していたことを意味していると理解することができます。第三に、この地震の衝撃によって、地球は本来の地軸からはずれました。科学者たちによれば、この地震が海底で起きたとき、地球全体が揺れ動いて一瞬静止し、通常の地軸から外れたということです。[*39] まさに主が11年前に言われたとおりにです。

スマトラ島と他の島々は、本来の位置より数センチから数メートル移動しました。[*40] そのうちの一つは完全に消え去ったと思われましたが、のちに別の場所で再発見されました。このメッセージで主が言われたすべては、津波によって、クリスマスシーズンに引き起こされたと理解されました。確かに、すべては起こったのですが、より大きな衝撃をもたらすであろう、将来に起こる次の時に比べれば、おそらくより小さなスケールでのことです。それはもしかすると隕石によるものかもしれませんし、誰にも分かりません。

キリストは同時に、一致し、復活祭の日付を一つにするとなると、諸教会の指導者たちが耳を貸そうとせず、屈もうともしないことに感情を害しておられると言及されました。これがそのメッセージです。「**自分の声に酔いしれ、私の声に反発しているが、そう長くは続くまい——じきに打ち倒されるだろう。愚かな誤りへと導く自分たちの声によって、私の声に反発したゆえに。当然ながら、私の教会はあなたたちの分裂で廃墟と化している**」（1993年2月18日）。

前述のように、この預言は二つの出来事を扱っています。

ツインタワーの崩壊についての預言

この出来事が起こるかなり以前の1988年、友人とある司祭と一緒に、ニューヨークについてのドキュメンタリー映画を見ていました。映画では、遠くから見えるツインタワーの様子が映されていました。見ていると、その映像が黙示録的なものに変わったのを見ました。まるで攻撃を受けたかのようでした。私は小さな声で、思わず独り言を口にしてしまいました。「これはもう無いんだわ」と。つまり、そのままであることはないという意味です。友人たちは、私がこの言葉を言ったのを聞いて、不意を付かれて困惑しましたが、何も言いませんでした。

1991年の9月11日、アメリカでのツインタワーの大惨事のちょうど10年前、私たちの主はご立腹されながら地の面をごらんになり、こう言われて警告されました。

「そして私としては、私の目は今日の世界を見下ろし、国から国へと訪ね歩き、魂を次々と調べては、温かみ、寛大さと、愛が少しでもないかと探し求めている。だが極めてわずかな人しか、私の好意に浴していない。ほんのわずかしか、わざわざ聖なる生き方をしようとは思っていない。しかし日々は過ぎ去り、大いなる裁きの日まで時間は数えられている（…）」。（イエスは突然声の調子を変えられ、数秒間をあけて、私を畏怖させるような重々しい調子でこう言われました。）**「地上は震えおののくだろう、そして塔のようにそそり立つ悪**（バベルの塔のように）**は、どれも崩れて塵の山となり、罪とがの埃《ほこり》の中に埋もれる！　天上では、天が揺さぶられ、地の基《もとい》も揺れ動く！　島々と、海と大陸は雷鳴と炎を伴い、思いがけない時に私の訪れを受ける。私の最後の警告の言葉を聞きなさい、まだ時間のあるうちに耳を傾けなさい。私たち**（イエスとマリア）**のメッセージを読みなさい、天が語っている時は、軽蔑したり、耳を貸さないままでいてはならない。（…）間もなく、あとわずかしたら、天は開いて、審判者をあなた方に示そう」**（1991年9月11日）。

ちょうど10年後にあたる2001年9月11日、多くの生命が奪われたツインタワーの崩落に、世界は恐怖におびえました。死者の多くは善良な人々でした。何年も昔、ニューヨークのドキュメンタリー映画を見ていた時に私が見たような、恐ろしい黙示録的な光景が世界に示されました。ところがこの恐怖にもかかわらず、真に神に立ち返って悔い改めるどころか、世界は以前にもまして悪くなり、戦争の準備をし始めたのです。私たち自身の罪、棄教と、世界の神に対する拒絶によってこれが起こったことを理解する代わりに、世は神が示された道よりむしろ、サタンの言うことに従い続けています。しかしながら、ツインタワーが崩落する十年前に、神が私たちに悔い改めと償いの行いを呼びかけて警告されなかったとは、誰にも言うことはできません。主はメッセージにおいて、私たちに変わるための時間を与えておられることを明確に指摘されました。「**私の最後の警告の言葉を聞きなさい、まだ時間があるうちに耳を傾けなさい**」。別の言葉で言えば、この災難は、世が『神のうちの真《まこと》のいのち』の神の呼びかけを聞いて神に立ち帰り、ゆるしを乞うていたら、避けることができたのです。ところが世はまたしても、神の言われることを聞く準備ができていませんでした。

ロシアに関する預言、実現したものとこれから起こるもの

ソビエト連邦の崩壊は、ソビエト社会主義共和国連邦（ＵＳＳＲ、ソ連とも呼ばれる）内の一連の内部分裂の経過として起こりました。１９８０年代後半に起こった連邦内のいくつかの共和国における政情不安に始まり、１９９１年12月26日に終結しました。１９９１年12月25日、ソビエト連邦大統領――連邦の8代目の最高指導者――のミハイル・ゴルバチョフが辞任し、大統領府を閉鎖して、自身が持つ権限――ソ連の核ミサイルの起動コードの使用権を含む――を、ロシアの大統領であるボリス・エリツィンに委譲すると宣言したのです。クレムリンではその日の夜の7時32分、ソ連の国旗が降ろされたのを最後に、革

命以前のロシア国旗が取って替わりました。

主が私に与えられた預言によれば、ロシアの教会は大きな役割を果たします。以下は、それらの預言からいくつか抜粋したものです。

1988年にまでさかのぼりますが、当時、ソ連はまだその権力の頂点にありました。主は、ロシアに関するメッセージを書き取るように私を呼ばれました。ロシアがどのように神を捨て、欺《あざむ》く者に従ったかということを主が説明された時の日付は、1988年1月4日です。主はロシアを死んでしまった不忠実な娘として描写され、彼女がどのようにして死んだかということすらお見せになりました。その時、主は意外なことをおっしゃいました。「**私はラザロをよみがえらせたように、ロシアをよみがえらせる**」。翌月、聖母と主が共に、ロシアに関するメッセージを書き取るように呼ばれました。

1988年2月1日、聖母は言われました。「**ヴァスーラ、あなたの姉妹（ロシア）は死んでいます。しかし主が今、彼女の近くにおられ、彼女をよみがえらせられるでしょう。愛は愛されない者を愛され、彼女は主に向かって叫ぶでしょう、『あなたは私の神、私の救い主！』と。この叫びによって、悪霊たちは逃亡します。恐れにかられた悪霊たちは逃げ出すでしょう。この国が一つとなり、最も献身的な神の僕《しもべ》となるからです。（…）ロシアは神の栄光、神の憐れみと愛のシンボルとなるでしょう**」。

すると主が話され、こう言われました。「**私は主、復活である。私がロシアを復活させると、彼女は私の贈り物**（主の教会のことを象徴しています）**を回復させ、愛をもって私の家をもう一度飾るであろう。私はもう一度、彼女を私に結び付けよう……**」。

1989年11月13日、主は言われました。「**（…）おお、ロシアよ、ただの肉の被造物に過ぎない者よ！**

悪があなたのまさに胎内でとぐろを巻いた。塵と灰から造られたただの被造物に過ぎない者よ、私、いと高き者が、必ずあなたをよみがえらせる、なぜなら私は復活だからだ。あなたがいのちへと戻るように大切に育て、私の指によって、私が変容させられたように、あなたを栄光ある国へと必ず変容させる。（…）こうして、彼女と私の間で平和と愛の契約に署名がなされ、封印される。これは私の光栄ある奇跡となるであろう」。

1989年12月24日、主は言われました。「ヴァスーラ、私の家を打ち倒し、それを口の開いた墓としてしまったこれらのすべての権力に、私は恥と汚名を負わせて打ち倒す。私の光によって、あなたの姉妹ロシアと近隣諸国をすべてよみがえらせ、檻をすべて打ち壊し、あなたたちを解放する。救いと解放は私からのみ来ると知るように。あなたの姉妹と、その隣人たち（近隣諸国）のために祈りなさい」。

それから二年後の同月である1991年12月、ソ連の崩壊が起こりました……その後、主はロシアについての御計画を明らかにし始められました。

1991年8月30日、主は勝ち誇って言われました。「（…）聞きなさい。あなたの聖なる者が、ロシアを高貴な国とするべくよみがえらせている。ロシアは、伴侶の腕の中で完全なものとなるだろう。（…）ロシア、私の花嫁は、私の名を公に聖とするであろう……」

1992年9月9日の預言は、その全文を明らかにするに値します。これは未来に向けた預言です。次の1992年10月20日の預言も同様です。この呼びかけは聖母からのものです。

「あなたに平和がありますように。ロシアの私の子どもたちに、私自身が彼らを霊的に教育すると伝えてください。私は彼らの母です。私は黙示録の婦人です。ロシア、私の娘よ、忍耐しなさい。死臭がこれ以上広がることはありません、あなたの苦しみは本当に、間もなく終わろうとしています。主がその憐れみによって、これほど長い年月あなたを覆っていた弔《とむら》い布をはずしてくださるからです。あなたの目は、ロシアよ、間もなくあなたの王、光輝に包まれた救い主を見るでしょう。この御方は、忠実さと真実という名で知られています。あなたの王は再臨の途上にあられます。ロシアよ、主の言われることを聞きなさい」。

（今度は主が話されます）「遠く離れている者たちも、来て悔い改めるであろう。彼らは私の教会を建て直す、そして私としては、一人ひとりの心に油を注ごう。ロシアは、眠りから覚めた者のように、私に焼き尽くされる熱望に震えつつ目を覚ますであろう。私はあなたを救い出し、多くの国々の頭《かしら》とする。[*41]他国の人々は、あなたの美しさを見て気を失うだろう。あなたの右手は私の手の中に置かれる。あなたを他の誰よりも高く引き上げ、あなたのうちに私の望みを行う。あなたの造り主は、喜びと大きな歓喜をもって、あなたの美しさを私の民、[*42]私の天使たちと諸聖人の前に見せつけよう。すると諸天は公然とその喜びを表す。天空は私の栄光を地の四隅にまで宣言する。

ロシアよ……あなたは死んでいた、そして私は、失った子を悼《いた》む父親のように、悲嘆を表すために荒布をまとった。私は落胆し、悲しみに暮れた。今度は、あなたを通して私の栄光を現すために、多くの国々の間からあなたを選んだ。

間もなく、あなたの聖母がサタンの座を地に打ち倒し、大蛇の頭を踏み砕く。子どもたちが失われることも、未亡人になることももうない。竜は宿命の手に引き渡され、世は平和の一時期を迎える。すべての人類の母は終わりには勝利し、あなたの神である主は、あらゆる国、あらゆる心とあらゆる民族において勝利する」[*43]（1992年9月9日）。

主は、ロシアは主に最も栄光を帰す国になると何度もおっしゃいました。「**私はロシアを解放し、多くの国々の頭《かしら》とする……**」と言われて、ロシアをさらにもっと高く上げられるつもりでいらっしゃいます。1992年10月20日、主は言われました。「**ロシアは聖性のうちに、私の他の子どもたちをも治めるであろう……**」

1993年12月13日の預言もその全体を引用するに値します。以下は、この日に私が主から受けた御言葉を書いたものです。

（ロシアへの預言）

神よ、全能の主よ、
私をもっとあなたに結び付けてください、
永遠に変わらないあなたの愛に結び付けてください。

「『私はある』があなたと共にいる、決して見捨てることはない。あなたは私に結ばれている……今呼んだが、あなたは答えてくれた。書きなさい、私のヴァスーラ。あなたの姉妹ロシアは、やがて私を尊び、いつの日か聖であると呼ばれるだろう。私が彼女を治める者となるのだから。誠実さが再びそこに住まう……どうしたか？」

主よ、今は腐敗が浸透しています……

「私が彼女の日を伏させる……」

どうやって目を伏させられるのか、主よ、私には理解できません。

「**よろしい、ならば教えよう。威厳に満ちた輝きのうちに私は訪れ**[*44]、彼女の心のうちに憩う……」

主よ、ロシアはまだ罪の闇の中に生きていて、苦しみもだえています。

「誤った道を選んだ者は倒れる。私の火によってぜいたくな勢力を破壊し、高慢な者たちは低められる。私の家を建て直し、その息子、娘たちを養子として受け入れ、私を尊ばせる。ヴァスーラ、唖然として理解しないまま、ただそこに立っていてはいけない。あなたに言う、姉妹ロシアは、多くの国の頭《かしら》[*45]として、やがては私の光栄となろう。よく聞いて理解しなさい。

ロシアの羊飼いたちは集まって来る。

他の地では条約が破られ、永遠の生けにえを廃止しようと謀反《むほん》をたくらんでいるさなか、私の家を建て直すために、ロシアの羊飼いたちは集まって来て、永遠の生けにえを尊び、私を礼拝し、敬うだろう。

終わりの日々、荒らす憎むべきものを聖所に打ち立てたため、国々が相次いで傾き、堕落していくそのとき、祭壇を聖化するために、**ロシアの羊飼いたちは集まって来る。**

そして他の者たちが[*46]いのちのない形、人の手が造りだした息のない像をあがめている間に、**ロシアの羊飼いたちは集まって来て**、私を称えるだろう。私、神が、その誠実さを擁護するからだ。

他の地では、この世界の希望である私の代弁者たちの日々を縮めようと、非常に悪魔的な努力が費やされているさなか、**ロシアの羊飼いたちは集まって来て**、私の聖なる生けにえを守る。そして私としては、ロシアの上に玉座を据え、私の栄光にかけて、私の名を担う者たちをすべて集める。

私は彼女の破壊された祭壇を修復する。こうして、私の名の下に生きる多くの者はやがてロシアに味方し、ロシアの羊飼いたちは一つの手と一つの心をもって、傾きかけた私の家を建て直すであろう。かつてねじ曲げられたものは今や真っすぐにされ、私への熱意ゆえに、私はロシアを見事な祭服で飾ろう。その羊飼いたちを、数えきれない民の頭《かしら》に置く。香となだめの香りを私に再び献げるよう、奉献の印をロシアに刻んだ。それゆえ、この羊飼いたちを奇跡であふれさせよう。

ロシアよ、私の忠実さと柔和をもってあなたを聖化する。ロシア、私の娘よ、私を完全に認めるように、そうするなら誓って、あなたの子孫を星のように高め、聖なる祭服を授けよう。私を完全に認めなさい、ロシアよ、そうするならあなたの敵をすべて打ち砕く。もし私を完全に認めるなら、新たな不思議をあなたのうちで行い、太陽のもとに生きるすべての者に、私の憐れみと聖性を証ししよう。」

私には、ロシアに思いやりを示す用意がある。そしてもし熱心に私を迎え入れるなら、遅くはならない。全能である私が、思い上がった者をいかに取り除き、彼らの不法の笏《しゃく》をへし折るかを示すのに遅くなることはない。しかし[*47]、もし与えたばかりの自由を誤って用い、私を忘れてしまうなら、それがほんのわずかな間だろうと、敵の侵略を許す……もしロシアが心を尽くして私のもとに立ち帰り、一つの心で私を救い主と認めないなら、彼女の中に広大で強力な大軍を送り、そこからすべての国に送り出す。今までかつてなかったような、またこれからはるか先まで二度とないような大軍を。空は暗黒と化して打ち震え、星はその輝きを失うであろう……

今日は、ロシアよ、あなたの苦しんだ歳月に報いる用意がある。そして私を完全に認めるなら、燃え立つ火から、まだ皆を救い出すことができる。悪ではなく善を探し求めなさい、飢饉と干ばつをもう忘れてしまったのか[*48]？　……私は赤い竜を押し返し、その帝国の繁栄を打ち壊した。おごり高ぶる者を低くして、牢の門を開け、捕らわれ人を解放した。あなたの胎にとぐろを巻いた赤い竜、かつて地球を震わせ、あなたの地を廃墟とした竜の王国を打ち倒した。あなたのうちで私の名が再び尊ばれるように、あなたの教会の門を次々と開き、その日、私の変容の祝日を喜び楽しみ、祝うために、*49 あなたを名指しで呼んだ、ロシアと。*50

私はあなたのイメージを一瞬のうちに変えた。抑圧によるみじめさは、世の罪悪に対する罰だった。だが私は今、豊かな恵みを注ごうと待っている。ロシアよ、こうしてやがては私の誉れとなるであろう。言っておく、他の者が破壊しているさなか、あなたは造り上げる。多くが倒れるさなか、あなたの羊飼いたちは立ち上がる、もし私に信頼を置くならば。そして私と食卓を共にする私自身の者たちの中に、悪魔的な裏切りを行う者がいる中で、あなた、あなたが私の名、私の栄誉と、私の生けにえを擁護するために手を差しのべる者となるであろう。こうしてあなたの罪はどれもあがなわれる。

そしてあなたは誠実に一歩足を踏み出し、あなたの兄弟を救う。悪魔の犠牲となったあなたの兄弟を。あなたは教会を一つに復活させ、そこには義が住むようになる。義は平和と永遠の安寧《あんねい》をもたらす。私に賛美を歌うあなたは幸い。あなたの王に示した忠実さゆえに、王は百倍も報いてくださり、あなたは富むであろう。そして協定が破られ、預言者がさげすまれ、殺された場所、また犯罪の種が蒔かれ、脅迫的な宣告がなされ、天にまで喧噪となって届いたその場所で、愛する者よ、あなたの羊飼いたちが高潔な声で叫ぶであろう。

「救い！　いと高き者の司祭、奉仕者たちよ、救いは愛の中にのみ見いだされる！　平和！　御父の反射である羊飼いたちよ、平和はゆるしの中にだけに見いだされる。一致！　三度聖なる光、三位のうちに一つである御方、唯一の光のうちに、三位であられる御方の兄弟たちよ、一致は婚姻を結ぶことによってのみ生まれる！　私たちの全能の主、抵抗しがたい御方が、その御名に私たちをふさわしくしてくださり、御名において一つとなることをお許しくださるように。永遠の御父よ、あなたの誉れとなり、御名が知られるように、生けにえの小羊を送られたのはあなたであったことを、世の他の人びとが悟るように、私たちを完全に一つにしてください。」

こうしてあなたは分裂をもたらすものを破壊し、損なわれたものを繕《つくろ》う。ロシアよ、あなたの役割は私を尊び、私の誉れとなること。祝祭が待っている。だが、どのような形でその日が訪れるかはあなた次第だ。火によって私のもとに戻るようにはさせないでほしい、むしろ平和の絆によって戻ってくるように」。

アイスランドのエイヤフィヤットラヨークトル火山とロシアの隕石についての預言

2009年11月28日

2009年11月28日、主は私を呼ばれ、直ちに広めるようにと一つの祈りをお与えになり、これを祈って神の憐れみを乞うように求められました。これが主が言われたお言葉です。

「ヴァスーラ、このように私に呼びかけなさい。

心優しい御父よ、この時代をあなたの激しい怒りで打たないでください、彼らが完全に滅びてしまわないように。

あなたの群れを罰しないでください、水が干上がり自然が枯れて、苦しみ悲嘆にくれてしまわないように。

すべてがあなたの激怒に圧倒され、跡形も無く消え去ってしまうでしょう。

あなたの息の熱で地上は燃え上がり、荒れ地と化してしまうでしょう！

地平線から一つの星が見えてきます。その夜は破壊され、灰が冬の雪のように降り、あなたの民を幽霊のように覆うでしょう。

私たちをおゆるしください、神よ、私たちを厳しく評価しないでください。

あなたのうちに喜んだ者の心と、彼らのうちにあなたが喜んだことを思い出してください。

あなたに忠実な者を思い出し、私たちの上にあなたの御手を振り下ろさないでください、むしろ、あなたの憐れみのうちに私たちを引き上げ、
すべての心のうちにあなたの戒めを置いてください。アーメン」。


このメッセージを受け取った時、これは緊急だということを心の中で理解しました。そこで、他の人々の協力を得てこの祈りを世界中に送り、多くの祈りの集いがこれを祈りました。この祈りを見ると、二つの出来事に対してのものであることが分かります。一つ目は、アイスランドのエイヤフィヤットラヨークトル火山についてです。この祈りが与えられてから五か月後の2010年4月14日、エイヤフィヤットラヨークトル山が噴火し、火山灰雲を生じさせました。火山の周辺地域の住民は避難させられました。近くでビデオを撮った人々がいましたが、雪のように降ってくる大気中の火山灰のために、数メートル先でさえよく見えませんでした。まさにこの祈りで「その夜は破壊され、灰が冬の雪のように降り、あなたの民を幽霊のように覆うでしょう」と言われているとおりです。この一節は、あらゆるものが灰色になり、灰に覆われてしまった光景を描写しています。多くの航空便がキャンセルされ、毎日何百万ドルもの損失が起きたため、航空経済は悲惨な状況となってしまいました。果物や魚、その他の農産物は倉庫の中で腐敗していきました。旅行者は世界中で立ち往生しています。この火山がずっと昔に噴火した時には、火山灰の噴出が一年半の間止まりませんでした。おそらく私たちの祈りが聞かれたのでしょう、今回の噴火はそれほど長くは続きませんでした。近隣のさらに大きな火山（カトラ火山）が噴火し、周囲の環境と住民にさらなる大きな災害をもたらすことが予想されましたが、それは起こりませんでした。

私に与えられたこの祈りは、奇妙なことに、文脈からほとんどはずれたように見える一節を含んでいました。それを聞いた時、主はこの文の前に少し間を置かれて、それからそれを言われたのですが、とても深刻なご様子でした。それは「地平線から一つの星が見えてきます」という言葉です。これはもう一つの警告です。ですから、おそらくこれは三つの出来事に言及しています。最初の二つは起こりましたが、それほど深刻ではありませんでした。三つ目のものはまだ起こっておらず、もっと強烈なものになるかもしれません。

２０１０年４月14日、火山の噴火が続くと同時に、アメリカ中西部で地平線に明るい星が目撃されました。それは目を見張るようなものでした！　多くの人々がそれを撮影し、ユーチューブに投稿しました。火の玉、あるいは隕石が、一筋の光となって空を横切っていくのが目撃されたのは、２０１０年４月14日の水曜日のことでした。この火の玉は北方の空に見え、西側から東側へと移動しました。特にミズーリ州北部、イリノイ州、インディアナ州、ウィスコンシン州南部にかけて見られました。それは地平線に到達するよりもかなり前に細かな破片に分解され、視界から消え去りました。

この祈りを与えられた時、神はこの隕石が私たちの惑星に向かっていることをご存じでした。ではなぜ、神はこの隕石が来る五か月前にこの祈りを与えられたのかと聞く人がいるに違いありません。それは私たちを巨大災害から救うためではないでしょうか？

この出来事から三年後の２０１３年、私はロサンゼルスにいました。突然、人々に２００９年11月28日のこの祈りを祈るように、もう一度呼びかけなければいけないという衝動を感じました。人々がこれを祈るのをやめてしまったのではないかという不安を感じたのです。そこでアナウンスをし、これを祈るように求め、人々は祈りました。するとそのわずか一週間後の２０１３年2月15日に、ニュースが届きました。チェリャビンスクと呼ばれる巨大な隕石が、ロシアの空を横切り、燃え上がったのです。その衝撃で民家の窓が粉々に割れ、少数のケガ人が出ました。ウラジミール・プーチン大統領は、居住区に大きな破片が落下しなかったことを神に感謝すると言いました。私はそこで、この祈りの言葉と、これをもう一度祈る必要があるという私の衝動を思い出しました。「**あなたの息の熱で地上は燃え上がり、荒れ地と化してしまうでしょう！　地平線から一つの星が見えてきます**」。

「地平線の星」に関する三つ目の出来事については、これは将来起こる出来事を指しています。私たちの祝された御母が、以下のメッセージで、私たちの罪が、どのように神の火による裁きをもたらすかについて説明を与えています。

祝された御母からの警告としての憐れみの呼びかけ

２００８年1月7日、午前3時10分ころ、聖母は私を起こされ、この時刻にキリストが攻撃されていることを理解させてくださいました。悪魔崇拝者たちがこの時間を使って黒ミサを行っているのです。聖母のメッセージは、私たちは預言されていた出来事に大変近づいていて、人類はこれらの出来事に直面しており、それは戸口の外にまで迫っているというものでした。それは世の棄教、教会の分裂、愛の欠如によって引き起こされる壊滅的な出来事で、神の御言葉、神ご自身への世の拒絶、人類の悪意、偽善、邪悪さなど、要するに、世の罪と、悔い改めの欠如の結果として起こる出来事です。

聖母は、地球は危機に瀕しており、火によって苦しむことになると言われました。神のお怒りはこれ以上持ちこたえることができず、それは人類の上に降《くだ》るでしょう。なぜなら、人類が罪に歯止めをかけることを拒否するからです。神の憐れみはこの日々ずっと、できるだけ多くの人を神に導こうとされており、神はその御手を伸ばして彼らを救おうとされていましたが、わずかしか理解せず、耳を傾けませんでした。神の憐れみの時はもう長くは続かず、誰もが試みを受ける時が近づいています。地球はその内側から炎の川を吐き出し、世界の人々は自分たちの無価値さと、心に神を持っていなかったための無力さを理解するでしょう。聖母は言われました。神は揺るぎなく、その御言葉に忠実であられます。神の家の者たちが試みを受ける時が来ました。神の憐れみを拒んだ者は神の火を味わうでしょう。（私はここで、神の憐れみの御業《みわざ》に対して盲目で、私たちを迫害する教会の人々について尋ねました。）聖母は、これらの人々も、彼らが値するものを受けるでしょうと言われました。

聖母は続いて、私たちの犠牲について語られました。聖母は皆に思い出すよう求められます。私たちの創造主である神は、私たちがもっと神に自分自身を捧げること、回心のためには犠牲と絶え間ない祈りがなければ不足であるということを。もしも自分が回心し、『神のうちの真《まこと》のいのち』を通して神を見いだしたと言うなら、犠牲の行為としてさらなる生けにえを捧げなくてはなりません。神への愛を、また物惜しみしないことを示すには、いろいろな方法があります。犠牲的な愛を捧げずには誰も、「私たちは「神のうちの真《まこと》のいのち」の人々です」と言うことはできません。本当に神を愛し、祝福された人々はこの日々、怖れてはなりません。

私たちの祝された御母は、この苦難を耐え抜く人々は祝福されている、と言われます。聖母は、この神の御業《みわざ》を分かち合い、推進する聖職者たちを喜んでおられ（「神のうちの真《まこと》のいのち」の人々として、聖霊に心を開く人々として）、彼らに確信を持ち続けるように言われます。彼らは神の霊からの特別な恵みを受けており、この霊を通して主のうちに、神の救いのご計画のうちに力強く成長したからです。キリストは彼らに神の平和をお与えになります。もし誰かが神に仕え、自分自身を犠牲として捧げるなら、火による裁きは彼らの上に厳しいものとはならず、彼らをいのちへと導いた神の呼びかけを、霊のうちに喜んでいることでしょう。

聖母は、多くの人々が脱落しましたが、しかし多くの人々が高められると言われました。多くが神の御《み》言葉《ことば》を心のうちにしっかりと保つことに失敗し、「神のうちの真《まこと》のいのち」のメッセージを通して与えられた御言葉だけでなく、聖書を通して与えられた御言葉からも逸脱してしまったと。

「神のうちの真《まこと》のいのち」のメッセージは、将来に希望を持てない悲観的な預言ではありません。そのような印象を持っていただきたくはありません。そうではないからです。この記事の中でお伝えするために選んだ内容は、すでに実現した警告と預言、そしてこれから起ることの警告と預言の裏付けです。このメッセージは、聖三位一体が私たち、神の子どもたちに歌ってくださる愛の頌歌《しょうか》です。神はご自分の甘美さと柔和さ、崇高な愛を示しておられます。キリストはある時、御父のことをこのように描写されました。「**私の父は王でありながら、母のようであられる。父は審判者でありながら、優しく愛深い。父はアルファでありオメガでありながら、とても柔和な方であられる**」（1994年8月10日）。

この記事を結ぶにあたって、主が愛であられることをさらに証するために、数多くある主のメッセージの中の一つから抜粋しました。

1998年6月22日、イエスは言われました。

「**（…）私は、高潔な者たちが入って来る門である。そして私の言葉が保障するように、あなたの福音への愛をよみがえらせよう。平和の福音を広めようとするあなたの熱意を、初代教会の使徒たちにも劣らないものとするために。そしてあなたの行く先々に私の香りを残し、国から国へと芳香で満たそう。私がいつもあなたと共にいるのだから。**

あなたの私たち[*51]への愛だけでなく、兄弟姉妹たちへの愛も大きくなる特権を与えよう。あなたが『見よ、兄弟が共に座っている、なんという恵み、なんという喜び……』という詩編[*52]を私たちに歌うことができるように。

私はあなたの個人的な助け手、仲間となり、家族、兄弟、姉妹ともなる。あなたの運び手となろう。[*53]アーメンへのアーメン[*54]となり、そして今あなたに歌いかけている者への賛美の歌となる……血肉が決して示し得ないものを、私の花嫁よ、あなたに現そう。あなたの心の内奥《ないおう》と、神の心の深みをも現す。

あなたを小さくしつつ、あなたのうちに私を増やすことによって、私の惜しみない好意を示そう。あなたのうちに夜明けが訪れ、夜闇は消えていく。私はあなたの魂の光、あなたのうちで再臨のように美しく輝く。すべての天使、諸聖人と共に、神の愛による私たちの一致を新しく始める。私たちの結婚を祝おう……

私のうちに、あなたは自由を味わう。私なしには、あなたの魂は捕らわれたまま、あなたを投獄する悪霊の罠に落ちてしまう。それゆえ、愛する者よ、三度聖なるあなたの神の他には、誰にも目を向けてはならない。ご自分のいのちの源から乳を飲ませてくれる者の他には、地上の誰も喜びとしないように。王の王、初めであり終わりである者と、その家の他には、地上の誰をも恋い焦がれないように」。

愛によってのみ、私たちは神に栄光を帰すことができます。私たちが真にイエス・キリストを愛し始めるとき、初めて私たちの魂を救うことができ、この死にゆく世界を生き返らせることができます。ですからこのように呼びかけましょう、「マラナタ！（主よ、来てください！）」と。

キリストのうちに
ヴァスーラ

注釈

＊1（訳注）カトリック教会のカテキズム1170、『神のうちの真《まこと》のいのち』1994年5月31日、1994年12月7日、1991年10月24日、1996年11月27日を参照。
＊2（訳注）人類友愛のための高等委員会（HCFC）は、教皇フランシスコやイスラム教の指導者たち、教育学者たちによる独立機関である。https://pray.forhumanfraternity.org

1993年12月22日

＊3 ダニエル7・23、8・12—13。
＊4 マタイ6・22—23、黙示録3・1—6、サルディスの教会に言及。
＊5 獣とはフリーメイソンを指すと主は教えてくださいました。
＊6 黙示録13・16—17に言及。
＊7 そして反逆者にも。二テサロニケ2・3—4を参照。
＊8 黙示録13・1—18の獣とはフリーメイソンを指します。
＊9 ダニエル12・1。
＊10 二ペトロ3・12。
＊11 黙示録6・15—17に言及。

＊12 黙示録22・3、永遠の生けにえの禁止。
＊13 御聖体のうちなる永遠の生けにえ。
＊14 黙示録22・5。
＊15 主の日が訪れる前に悔い改めた羊飼いたち。
＊16 黙示録7・16。
＊17 黙示録21・3。
＊18 黙示録17・14、黙示録19・11。

1988年3月23日

＊19 聖ベルナルドの聖マリアに向かう祈り、聖ミカエルに向かう祈り、聖心《みこころ》への信頼の祈りです。
＊20 （訳注）神の憐れみの御業《みわざ》や警告は他にも多くありますが、ほとんどどれも聞かれていません。
＊21 ルカ13・1―5「ちょうどそのとき、何人かの人が来て、ピラトがガリラヤ人の血を彼らのいけにえに混ぜたことをイエスに告げた。イエスはお答えになった。「そのガリラヤ人たちがそのような災難に遭ったのは、ほかのどのガリラヤ人よりも罪深い者だったからだと思うのか。決してそうではない。言っておくが、あなたがたも悔い改めなければ、皆同じように滅びる。また、シロアムの塔が倒れて死んだあの十八人は、エルサレムに住んでいたほかのどの人々よりも、罪深い者だったと思うのか。決してそうではない。言っておくが、あなたがたも悔い改めなければ、皆同じ

ように滅びる」。

1991年9月23日

＊22 ヨエル書2・2。

2019年4月10日

＊23 2018年5月23日、フランス語で次のように言う声をはっきりと聞きました。「間もなく、大気の爆発が起こる……」

＊24 どの罪も、私たちの目には大したものではないと思える小さな罪でさえも、神の御目には恐るべきものであり、非常に大きなものとして映ります！

＊25 教会。

＊26（訳注）「火による懲罰」は、使徒書簡や黙示録、ガラバンダルの聖母、秋田の聖母などにも同様の概念が見られる。

1993年2月13日

＊27 大変厳かに、イエスは次の言葉をおっしゃいました。
＊28 黙示録6・12。
＊29 黙示録9・2。
＊30 創世記3・14。
＊31 イザヤ13・13。
＊32 黙示録6・14。
＊33 1990年7月21日。

2002年2月7日

＊34 悔い改め。
＊35 2001年9月11日のこと。この出来事は十年前の1991年9月11日に告げられていました。悔い改めの警告を与えて……
＊36 黙示録11・18「地を滅ぼす者どもが滅ぼされる時が来た」。
＊37 霊的に死んでいる人たち。
＊38「三日半たって、命の息が神から出て、この二人に入った。彼らが立ち上がると、これを見た人々は大いに恐れた」。

＊39（訳注）米地質調査所のケン・ハドナット博士やNASAの報告によれば、この地震の影響で地軸の位置が約2～7センチずれたことで、地球の自転に何らかの影響を与え、地球の一日の長さが百万分の2・32～2・68秒程度短くなった可能性がある。
＊40（訳注）アンダマン諸島とニコバル諸島は南西に1・25メートル、スマトラ島は20センチメートル移動したとされる。周辺各地で地殻変動が確認された（位置が数センチずれた都市が多数あることがGPS測定で判明）。

1992年9月9日

＊41 霊的にということだと思います。
＊42 イエスの声は幸せに満ち、御顔は幸福な面影をたたえています。子どもを宙に高くあげる父親のように。
＊43 この最後の一節は、世界中のすべての人々がイエスをキリスト、小羊として認めることを意味します。黙示録6・15―16を参照。

1993年12月13日

＊44 清めによってと理解しました、神がご自分を現され、魂のうちに輝かれると、その光に比べて暗闇はあまりに深く、魂は自分の不完全さをはっきりと悟って非常に苦しむのです。
＊45 霊的に。
＊46 棄教者たち。

＊47 突然、神の御声が低く悲しみを帯び、非常に深刻なものとなりました。私もひどく悲しくなって。
＊48 霊的に。
＊49 主はメッセージの中で、ロシアを変容させることを預言なさっていました。共産主義の崩壊は、ギリシャ正教の変容の祝日の週に起きたのです。
＊50 ソビエト連邦からロシアへと。

ここで理解できるように、この預言はまだ実現していません。

1998年6月22日

＊51 （訳注）聖三位一体。
＊52 詩編133・1。
＊53 さまざまな賜物を運んで、分配するお方。
＊54 すなわち、「忠実で真実なる御方へのアーメン」。神に与えられた一つの名です。

「神のうちの真《まこと》のいのち」のメッセージにおける
時の終わりの預言

免責事項： この本の翻訳に含まれる可能性のあるあらゆる間違い、または原文の英語テキストとの差異について、ヴァスーラは責任を負わないものとする。「神のうちの真のいのち」のメッセージからの引用に関しては、言及された日付に基づいて、手書き原版のそれぞれのメッセージを参照のこと。

本書の聖書の言葉はすべて日本聖書協会の新共同訳聖書から引用しています

2021 年 4 月 7 日　初版発行

著者　ヴァスーラ・リデン
翻訳　ＴＬＩＧ日本
発行者　一般社団法人 TLIG 日本
〒 151-0061 東京都渋谷区渋谷 1-8-5
グローリア宮益坂 102
TEL 050-7110-4399 FAX 03-6315-2690
E メール info@tlig.jp ウェブサイト https://tlig.jp/
発売所　株式会社三恵社
本社所在地 〒 462-0056 名古屋市北区中丸町 2-24-1
TEL 052-915-5111（代）FAX 052-915-5019
製版・印刷・製本　株式会社三恵社